Motorische Fähigkeiten und externe Bedingungen einer Kurseinheit. Planung einer Wirbelsäulengymnastik

Dennis Krewer

Bibliografische Information der Deutschen Nationalbibliothek:

Die Deutsche Nationalbibliothek verzeichnet diese Publikation in der Deutschen Nationalbibliografie; detaillierte bibliografische Daten sind im Internet über http://dnb.d-nb.de abrufbar.

ISBN: 9783346644619
Dieses Buch ist auch als E-Book erhältlich.

Inhaltsverzeichnis

1   Motorische Fähigkeiten im Kursbereich

1.1   Kraft

1.1.1   Definition Kraft

Die motorische Fähigkeit Kraft ermöglicht dem menschlichen Körper Bewegungen durchzuführen bzw. Widerstände zu überwinden, zu halten oder ihnen entgegen zu wirken. Sie bildet die Basis aller Muskeltätigkeiten mit Krafteinsätzen, bei denen die jeweils beanspruchten Muskeln mehr als 30 Prozent ihres individuellen maximalen Kraftpotentials aufwenden. (Martin, Carl & Lehnertz, 1993, S. 102)

1.1.2   Erscheinungsformen von Kraft

Die Kraftfähigkeit wird in die Bereiche Maximalkraft, Schnellkraft und Kraftausdauer unterteilt.

Als Maximalkraft wird die höchstmöglich realisierbare Kraft, die durch willkürliche Muskelkontraktion gegen einen Widerstand ausgeübt werden kann, bezeichnet. (Güllich & Krüger, 2013, S. 468)

Schnellkraft ist die Fähigkeit, mit höchstmöglicher Geschwindigkeit einen möglichst hohen Kraftstoß umzusetzen. (Güllich & Krüger, 2013, S. 468)

Unter Kraftausdauer versteht man die Fähigkeit, bei statischer oder dynamischer Muskelarbeit hohe Kraftaufwände möglichst lange aufrecht erhalten zu können bzw. die Abnahme der Muskelleistung über eine bestimmte Belastungsdauer möglichst gering zu halten. (Güllich & Krüger, 2013, S. 470)

1.1.3   Übungsbeispiele Krafttraining

Tabelle 1: Übungsbeispiele Krafttraining (eigene Darstellung)

Übung	Wiederholungszahl	Satzzahl	Erscheinungsform
Kniebeuge	25	3	Kraftausdauer
Statischer Unterarmstütz	1 Minute	3	Kraftausdauer

1.2 Ausdauer

1.2.1 Definition Ausdauer

Ausdauer wird definiert als „die Fähigkeit, physisch und psychisch lange einer Belastung zu widerstehen, deren Intensität und Dauer letztendlich zu einer unüberwindbaren (manifesten) Ermüdung (=Leistungseinbuße) führt, und/oder sich nach physischen und psychischen Belastungen rasch zu regenerieren" (Zintl, 1997, S.28).

1.2.2 Untergliederungen der Ausdauer

Die Ausdauer kann hinsichtlich der Größenordnung der aktiven Skelettmuskulatur zunächst in lokale und allgemeine Ausdauer unterteilt werden. Des Weiteren lässt sich nach Art der Energiebereitstellung zwischen aerober und anerober Ausdauer unterscheiden und unter dem Aspekt der Muskelarbeitsweise in dynamische und statische Ausdauer untergliedern.

1.2.3 Übungsbeispiele Ausdauertraining

Tabelle 2: Übungsbeispiele Ausdauertraining (eigene Darstellung)

Übung	Dauer	Erscheinungsform
Indoor Cycling	60 Minuten	Aerobes/anaerobes Ausdauertraining
Aerobic	45 Minuten	Aerobes Ausdauertraining

1.3 Beweglichkeit

1.3.1 Definition Beweglichkeit

Die Beweglichkeit ist eine motorische Fähigkeit, bestimmte „Bewegungen willkürlich und gezielt mit der erforderlichen bzw. optimalen Schwingungsweite der beteiligten Gelenke ausführen zu können" (Martin et al., 1993, S. 214).

1.3.2 Einflussfaktoren auf die Beweglichkeit

Im Wesentlichen wird die Beweglichkeit des Muskel-Gelenk-Systems durch anthropometische Faktoren wie Gelenkigkeit, Dehnfähigkeit und Kraftfähigkeit beeinflusst.

Aber auch personenspezifische Einflussfaktoren wie Alter, Geschlecht, Psyche, Gelenk-
abnutzung und äußere Faktoren wie Temperatur, Tageszeit oder der aktuelle Ermü-
dungsgrad der Muskulatur haben großen Einfluss auf die Beweglichkeit (Güllich &
Krüger, 2013, S. 480).

Um die Beweglichkeit zu verbessern gibt es viele verschiedene Dehntechniken. Man
unterscheidet zischen aktivem Dehnen einer Muskelgruppe durch Antagonistenkontrak-
tion und passivem Dehnen durch nicht antagonistische Muskeln oder einen externen
Faktor. Innerhalb des aktiven und passiven Dehnens wird zwischen dynamischem und
statischem Dehnen unterschieden. Beim dynamischen Dehnen wird die Dehnposition
mehrmals in langsamen, kontrollierten Bewegungen eingenommen und wieder verlas-
sen. Beim statischen Dehnen findet nach dem Einnehmen der Dehnposition keine Bewegung mehr statt. Die Position wird eine bestimmte Zeit gehalten und dann wieder ge-
löst.

1.3.3 Übungsbeispiele Beweglichkeitstraining

Tabelle 3: Übungsbeispiele Beweglichkeitstraining (eigene Darstellung)

Übung	Dehnmethode
Dehnung der Rückenmuskulatur, „Katzenbu-okel" im Vierfüßlerstand halten	Aktives, statisches Dehnen
Dehnung der Brustmuskulatur, im Stand Arme hinter dem Körper anheben und absenken	Aktives, dynamisches Dehnen

1.4 Koordination

1.4.1 Definition Koordination

Die motorische Fähigkeit der Koordination wird aus neuromuskulärer Sicht als „das Zusammenwirken von Zentralnervensystem und Skelettmuskulatur innerhalb eines geziel-
ten Bewegungsablaufes" (Hollmann & Hettinger, 1990, S. 143) beschrieben.

1.4.2 Intra-/Intermuskuläre Koordination

Unter intramuskulärer Koordination versteht man das Zusammenspiel zwischen Nerven
und kontrahierenden Muskelfasern innerhalb eines bewegenden Muskels auf neuronaler
Ebene.

Die intermuskuläre Koordination dagegen beschreibt das Zusammenwirken zwischen verschiedener an einer Bewegung beteiligten Muskeln, beziehungsweise das gezielte Zusammenarbeiten von Agonisten, Synergisten und Antagonisten bei einem Bewegungsablauf.

1.4.3 Übungsbeispiele Intermuskuläre Koordination

Tabelle 4: Übungsbeispiele Intermuskuläre Koordination (eigene Darstellung)

Übung
Kniebeugen aus dem Stand
Bankdrücken mit der Langhantel

2   Externe Bedingungen einer Kurseinheit

2.1 Rahmenbedingungen

2.1.1   Räumlichkeiten

Vor der Planung einer Kursstunde sollte man sich über die zur Verfügung stehende Räumlichkeit informieren und die Kursinhalte darauf abstimmen, um eine flüssig laufende Kurseinheit zu gewährleisten.

Entscheidend dabei ist die Größe und Form des Kursraumes. Ist zum Beispiel der Bewegungsfreiraum durch eine geringe Deckenhöhe oder sonstige Gegenstände innerhalb des Kursraumes limitiert, müssen dem entsprechend die Teilnehmerzahl begrenzt und die Übungen, die einen zu großen Bewegungsradius beanspruchen, angepasst werden.

2.1.2   Ausstattung

Bei der Planung einer Kursstunde muss die vorhandene Ausstattung geprüft werden. Es muss geprüft werden ob genügend Kleingeräte für alle Kursteilnehmer vorhanden und auch funktionstüchtig sind. Bei einem Kurs der speziell auf ein bestimmtes Handgerät ausgerichtet ist muss die maximale Teilnehmerzahl auf die Anzahl der Geräte limitiert werden.

Die Musikanlage inklusive Mikrofon und CD-Player sollte vorher auf Funktionstüchtigkeit geprüft werden. Ebenso sollte die Auswahl der Musik in die Kursvorbereitung eingeplant werden damit es zu keiner Verzögerung der Kurseinheit kommt und die Stunde flüssig abläuft.

2.2 Zielgruppe

2.2.1   Alter

Um ein möglichst effektives Training zu gewährleisten sollte das Kursziel, sowie der Inhalt und das Format auf die Altersgruppe abgestimmt werden. Aber auch das Wohlbefinden und die Motivation der Teilnehmer werden deutlich erhöht wenn sie sich in einem altersangepassten Kurs nicht unter- oder überfordert fühlen.

Bei Kursen ohne Altersbeschränkung sollte der Trainer möglichst flexibel agieren und viele Variationen der Übungen anbieten können um Unter- oder Überforderungen entgegen zu wirken.

2.2.2 Leistungslevel

Ähnlich wie beim Faktor Alter sollte jede Kurseinheit auf ein bestimmtes Leistungslevel ausgerichtet werden, um den Kursteilnehmern ein Erfolgserlebnis zu verschaffen. Eine zu leichte Stunde kann Fortgeschrittene unterfordern und eine zu schwere Stunde kann Anfänger demotivieren und eine große Verletzungsgefahr mit sich bringen. Fühlen sich die Teilnehmer in ihren Kursen wohl, verstärkt das außerdem die Kundenbindung.

2.3 Zielsetzung

2.3.1 Langfristige Ziele

Langfristige Ziele umfassen die Steigerung der sportmotorischen Fähigkeiten. Darauf wird jede Kursstunde ausgerichtet und inhaltlich abgestimmt. Um zum Beispiel den Zielen der Aufrichtung, Vorbeugung von Rückenbeschwerden durch Kräftigung der Rückenmuskulatur in einer Wirbelsäulengymnastik gerecht zu werden, muss die Kursstunde immer wieder dem Leistungsstand der Teilnehmer angepasst werden und dem entsprechende Übungen eingebaut werden.

2.3.2 Kurzfristige Ziele

Kurzfristige Ziele wie das Erlernen und korrekte Ausführen von Übungen können innerhalb der Kursstunde erreicht werden. So sollte der Kursleiter individuell und flexibel auf die Kursteilnehmer eingehen können und zum Beispiel bei einer Gruppe mit unterschiedlichen Leistungsstufen alternative oder vereinfachte Varianten zu jeder Übung anbieten können.

3 Kursplananalyse

Montag	Dienstag	Mittwoch	Donnerstag	Freitag	Samstag
Fit 50+ 09:15 - 10:00	Pilates 09:15 - 10:15	Kettlebell Muscle-Power 09:00 - 10:00	Faszienaerobic 09:30 - 10:30	Beckenboden 08:45 - 09:45	Pilates 14:00 - 15:00
SPINNING 10:00 - 11:00	Sturzprophylaxe 10:15 - 10:45	Fit 50+ Faszientraining 10:15 - 11:15	SPINNING 17:00 - 17:45	SPINNING 09:45 - 10:30	SPINNING 16:15 - 16:15
Intervall & Fun 10:00 - 10:45	SPINNING 50+ 10:45 - 11:15	Reha-Gymnastik 16:00 - 16:45	SPINNING 17:45 - 18:30	Reha-Gymnastik 16:00 - 16:45	
Reha-Gymnastik 16:30 - 16:15	Lockere Schultern - Starker Rücken 17:00 - 18:00	Wirbelsäulen-Gym Faszientraining 17:00 - 18:00	Gymnastik für den Mann (ab 13.10.16) 18:45 - 19:30	Wirbelsäulen-Gymnastik 17:15 - 18:00	
SPINNING 17:30 - 18:15	SPINNING - Einsteiger 18:00 - 18:45	BBP 19:15 - 20:00		Sensomotorik Training 18:30 - 19:15	
Muscle-Power 18:30 - 19:30	Faszien in Bewegung 18:00 - 19:00				
Pilates 19:30 - 20:30	Spiralstabilisation 19:00 - 20:00				
	Power-SPINNING 19:15 - 20:15				

Abbildung 1: Fitness Forum Mettlach Aktueller Kursplan (Meyer & Bauer, 2016)

3.1 Kursplankonzeption aus organisatorischer Sicht

3.1.1 Studiospezifische Zeiten

Auf dem Kursplan sind lediglich die Zeiträume der Kurse dargestellt. Die Öffnungszeiten des Studios fehlen. Diese sollten in jedem Fall zur Übersicht hinzugefügt werden, damit sich die Kunden daran orientieren und vorbereiten können. Zwischen dem Öffnen des Studios und dem Beginn des ersten Kurses sollte außerdem ausreichend Zeit zum Umziehen und Vorbereiten sein.

Außerdem sollten zwischen zwei direkt aufeinander folgenden Kursen im gleichen Kursraum mindestens fünf Minuten Zeit sein, um den Raum ausreichend zu lüften und Kleingeräte abzubauen. Sonst könnte es im dargestellten Plan zum Beispiel am Montag nach der Muscle-Power Stunde und zu Beginn der Pilates Stunde sehr hektisch werden. Außerdem könnten schlechte Luftverhältnisse zu Unwohlsein der Teilnehmer führen.

3.1.2 Vormittagsprogramm

In den Vormittagsstunden wird hauptsächlich die Zielgruppe der Mütter und Senioren angesprochen. An der Kursplanung lässt sich bereits deutlich die Altersstruktur der Vormittagskunden erkennen. Montag bis Mittwoch findet ein speziell ausgelegter 50+ Kurs, sowie eine Sturzprophylaxe am Dienstag statt. Freitags findet außerdem ein Beckenbodenkurs statt der auf die weibliche Kundschaft ausgelegt ist.

Zu empfehlen wäre noch ein weiterer 50+ Kurs am Donnerstag oder ein zusätzlicher Beckenbodenkurs an einem zweiten Tag neben Freitag.

3.1.3 Nachmittagsprogramm

Wie in Abbildung 1 zu erkennen, stehen in der Mittagszeit die Kursräume mehrere Stunden leer. Hier bietet sich zum einen die Vermietung an Schulen oder Kindersportvereine an oder ein eigenes gesundheitsorientiertes Kursprogramm für Kinder und Jugendliche. Eine weitere Möglichkeit bietet das Angebot einer Reha-Gymnastik der Krankenkassen, wie es bereits an drei Tagen im Kursplan umgesetzt wird, da hierbei auch hauptsächlich ältere Kundschaft angesprochen wird.

3.2 Kursplankonzeption aus trainingswissenschaftlicher Sicht

Um einen optimalen Trainingserfolg zu gewährleisten und die Teilnehmer langfristig zu motivieren, sollten die angebotenen Kurse in verschiedene Leistungsstufen unterteilt werden. Ideal wäre eine dreigliedrige Einteilung zwischen Einsteiger, Mittelstufe und Fortgeschrittene. Im vorliegenden Kursplan ist eine solche Einteilung nur in den Spinning Kursen zu erkennen. Um keine Teilnehmer zu unter- oder überfordern sollte in den anderen häufig angebotenen Kursen wie Pilates oder Rückengymnastik ebenfalls ein speziell ausgeschriebener Einsteigerkurs angeboten werden.

Sehr positiv zu bewerten ist die farbliche Gestaltung des Kursplanes. Dadurch, dass von der Konzeption ähnlich aufgebaute Kurse einheitlich gestaltet sind, wird es für den Teilnehmer einfacher sich zu orientieren und den für ihn richtigen Kurs auszuwählen.

3.3 Kursplankonzeption aus wirtschaftlicher Sicht

3.3.1 Studio-Pilosophie

Anhand der relativen Anzahl der Kursangebote im Bereich der Reha- und Rückengymnastik des vorliegenden Kursplans, lässt sich schließen, dass es sich hierbei um ein gesundheitsorientiertes Fitness Studio handelt, das im Sinne seiner Studio Philosophie handelt. Das Kursprogramm bietet dennoch ein vielseitiges Angebot an alternativen Kursen wie Spinning, Muscle-Power oder Bauch-Beine-Po.

Um auch einen größeren Anteil an jungem Klientel anzusprechen könnten noch weitere trendorientierte Kurse angeboten werden.

3.3.2 Auslastung des Kursraumes

Im Kursplan ist nicht eindeutig ersichtlich wie viele Kursräume vorhanden sind. Dadurch, dass verschiedene Kurse zu gleichen Uhrzeiten starten oder sich überschneiden lässt sich vermuten, dass dem Fitness Studio jedoch zwei oder mehrere Kursräume zur Verfügung stehen.

Diese sollten in der langen Mittagszeit nicht leer stehen. Die Räumlichkeiten könnten an Schulen, Sportvereine oder Tanzgruppen vermietet werden, oder regelmäßig eigene Seminare oder Veranstaltungen anzubieten.

Donnerstags werden laut diesem Plan wenig Kurse angeboten und die Kursräume stehen lange Zeit leer. Das ist ebenfalls nicht sehr wirtschaftlich. Hier könnte mit neuen Kursangeboten mehr Kundschaft angelockt werden. Zum Beispiel mit einem speziellen Kursangebot für Mütter mit einer gleichzeitigen Kinderbetreuung.

4   Planung einer Wirbelsäulengymnastik

4.1   Zielgruppe

Tabelle 5: Zielgruppe der Kurseinheit (eigene Darstellung)

Gruppengröße	fünf bis 15 Teilnehmer. Die Teilnehmerzahl ist auf 15 begrenzt, um ausreichend auf alle Teilnehmer eingehen und bei Bedarf individuell korrigieren zu können.
Geschlecht	Gemischter Kurs mit weiblichen und männlichen Teilnehmern.
Alter	Hauptsächlich auf das Alter 50+ ausgelegt.
Leistungslevel/Vorkenntnisse	Fortgeschrittene, die bereits einige Kurse besucht haben.

4.2   Material

Tabelle 6: Materialien für die Kurseinheit (eigene Darstellung)

Material	Gymnastikmatte

4.3   Stundenplanung

Begrüßung: (2 Minuten)
Begrüßung der Teilnehmergruppe, kurze Erläuterung der Stundenschwerpunkte und Stundenzielsetzung. Motivation der Teilnehmer.

Allgemeines Warm-Up: (4 Minuten)

Ziel der Übung	Übungsbezeichnung/ Name der Übung	Übungsbeschreibung	Belastungsgefüge	Bemerkungen/ Hinweise
Anregung des Herz-Kreislauf-Systems, Erhöhung der Körpertemperatur	Marschieren	Marschieren auf der Stelle, Füße von den Zehenspitzen zu den Fersen abrollen und Knie anziehen.	2 x 64 Zählzeiten	Oberkörper aufrichten, Grundspannung im Bauch, Schultern tief, Blick geradeaus, ein Fuß berührt immer den Boden.
Anregung des Herz-Kreislauf-Systems, Erhöhung der Körpertemperatur	Side to Side	Gewicht auf rechtes Bein verlagern und beugen, rechtes Bein strecken, mit der linken Fußspitze auf den Boden tippen und Seite wechseln.	3 x 32 Zählzeiten	Oberkörper und Becken stabil, Kniegelenk des Standbeins leicht gebeugt.

Anregung des Herz-Kreis-lauf-Systems, Er-höhung der Kör-pertemperatur	Leg Curl	Ferse des rechten Beins zum Gesäß ziehen, Gewicht auf anderes Bein verlagern und lösen, dann Seite wechseln.	3 x 32 Zählzeiten	Oberkörper bleibt stabil.
Anregung des Herz-Kreis-lauf-Systems, Er-höhung der Kör-pertemperatur	Step Touch	Rechtes Bein zur Seite öffnen, linkes Bein folgt dem rechten und tippt daneben kurz auf, dann Seite wechseln	3 x 32 Zählzeiten	Knie zeigen in Richtung der Zehenspitzen, Füße von den Fersen zu den Ballen abrollen.
Anregung des Herz-Kreis-lauf-Systems, Er-höhung der Kör-pertemperatur	Double Step Touch	Rechtes Bein zur Seite öffnen, linkes Bein folgt dem rechten und tippt daneben kurz auf, dann erneut rechtes Bein zur Seite öffnen, linkes Bein folgt dem rechten und tippt daneben auf, dann Seitenwechsel.	3 x 32 Zählzeiten	Knie zeigen in Richtung der Zehenspitzen, Füße von den Fersen zu den Ballen abrollen, Becken bleibt stabil.

Spezielles Warm-Up: (4 Minuten)

Ziel der Übung	Übungsbezeichnung/ Name der Übung	Übungsbeschreibung	Belastungsgefüge	Bemerkungen/ Hinweise
Mobilisation	Schulter kreisen	Hüftbreiter Stand, Arme hängen lassen und die Schultern von vorne nach hinten abwechselnd kreisen lassen, später größer werden und die Ellenbogen und Arme mitnehmen.	45-60 Sekunden	Schulterkreisen, nicht krampfhaft nach oben ziehen, Oberkörper geht leicht mit.
Mobilisation	BWS Rotation	Arme vor dem Körper verschränken, Brustwirbelsäule nach rechts und links drehen.	45-60 Sekunden	Becken bleibt stabil, Bewegung aus der Brustwirbelsäule, Kopf in Verlängerung zum Oberkörper.
Mobilisation	Oberkörper Runden	Oberkörper und Kopf einrollen und wieder aufrichten.	45-60 Sekunden	Leicht in die Knie gehen.
Mobilisation	Lateral Flexion	Rippen zum Becken bewegen, seitlich nach links und rechts beu-	45-60 Sekunden	Kopf in Verlängerung zum Oberkörper beugt mit.

Mobilisation	Hüftkreisen	gen. Hüftbreiter Stand, leicht in die Knie gehen, Hüfte Kreisen aus der Lendenwirbelsäule.	45-60 Sekunden	Brustwirbelsäule möglichst stabil, Bewegung möglichst nur aus der Hüfte.

Hauptteil: Kräftigung (25 Minuten)

Ziel der Übung	Übungsbezeichnung/ Name der Übung	Übungsbeschreibung	Belastungsgefüge	Bemerkungen/ Hinweise
Kräftigung der Gesäß und Oberschenkelmuskulatur	Kniebeugen (dynamisch)	Hüftbreiter Stand, Kniegelenke bis 100° beugen und zur Ausgangsposition wieder strecken.	2-3 x 16-32 Wiederholungen	Gesäß nach hinten schieben, Knie zeigen in die selbe Richtung wie Zehenspitzen und ragen nicht über die Zehenspitzen hinaus.
Kräftigung der Gesäß und Oberschenkelmuskulatur	Kniebeugen (statisch)	Hüftbreiter Stand, Kniegelenke bis 100° beugen und diese Position halten.	6 x 8 Sekunden	Gesäß nach hinten schieben, Knie zeigen in die selbe Richtung wie Zehenspitzen und ragen nicht über die Zehenspitzen hinaus.
Kräftigung der rückseitigen Rumpfmuskulatur	Butterfly Reverse im Stand (dynamisch)	Im Stand Arme in U-Haltung, Beine ca. 120° gebeugt, Hüfte ca. 90° gebeugt, Arme und Schulterblätter Richtung Wirbelsäule zurückziehen und wieder lösen.	2-3 x 16-32 Wiederholungen	Kopf bleibt in Verlängerung zum Oberkörper, Spannung im Bauch halten und Wirbelsäule in natürlicher Form halten.
Kräftigung der Gesäß und rückseitigen Rumpfmuskulatur	Diagonales Arm- und Beinheben (dynamisch)	Aus dem Vierfüßlerstand ein Bein anheben und in Verlängerung des Oberkörpers nach hinten ausstrecken, den diagonalen Arm anheben und nach vorne ausstrecken, dann Bein beugen, mit dem Arm unter dem Bauch zusammenführen und wieder strecken.	2 x 16 Wiederholungen pro Seite	Hüfte bleibt stabil, Kopf in Verlängerung des Oberkörpers, Spannung im Bauch halten.
Kräftigung der Brustmuskulatur	Liegestütz auf den Knien (dynamisch)	Liegestützposition mit Knien auf der Matte, Oberkörper wird durch	2-3 x 16-32 Wiederholungen	Hüfte bleibt gestreckt und Bauchspannung halten, Kopf in

		die Hände unter den Schultern abgestützt, Ellenbogen beugen, den Oberkörper Richtung Matte und wieder zurück bewegen.		Verlängerung des Oberkörpers.
Kräftigung der Rumpfmuskulatur	Unterarmstütz (statisch)	Im Unterarmstütz Knie anheben, Beine Strecken und Position halten	6 x 8 Sekunden	Gesamten Körper wie ein Brett halten und stabilisieren.
Kräftigung der rückseitigen Rumpfmuskulatur	Armheben (dynamisch)	In Bauchlage die Arme in U-Form neben den Körper halten, Oberkörper leicht anheben, Arme und Schulterblätter Richtung Wirbelsäule zusammenziehen und wieder lösen.	2-3 x 16-32 Wiederholungen	Kopf in Verlängerung des Oberkörpers, Blick Richtung Matte.
Kräftigung Gesäß und rückseitige Rumpfmuskulatur	Diagonales Arm- und Beinheben (dynamisch)	In Bauchlage Arme nach vorne Strecken, ein Arm anheben und gleichzeitig das diagonale Bein anheben und wieder absenken.	2 x 16 Wiederholungen pro Seite	Spannung im Rumpf halten.
Kräftigung der seitlichen Rumpfmuskulatur	Seitsütz (dynamisch)	Im seitlichen Unterarmstütz Kniegelenke um 90° beugen, Ellenbogen unter Schultergelenk, Becken maximal vom Boden anheben und in Richtung Matte absenken.	2 x 16 Wiederholungen pro Seite	Hüfte bleibt gestreckt, Kopf in Verlängerung zum Oberkörper und Blick nach vorne.
Kräftigung Bauchmuskulatur	Crunches	In Rückenlage, Beine aufstellen, Oberkörper bis zu den Schulterblättern auf- und abrollen.	2-3 x 16-32 Wiederholungen	Abstand zwischen Kinn und Brust halten, Arme nach oben geöffnet lassen.
Kräftigung Bauchmuskulatur	Beckenlift	In Rückenlage Oberschenkel senkrecht nach oben anheben, Kniegelenke beugen, Beine Richtung Schultergürtel bewegen, Becken leicht anhe-	2-3 x 16-32 Wiederholungen	Schultergürtel bleibt am Boden.

Kräftigung Ge-säß- und Rücken-muskulatur	Schulterbrücke	ben und wieder Richtung Boden bewegen. In Rückenlage Beine anwinkeln, Füße aufgestellt, Arme seitlich ne-ben dem Körper, Becken vom Bo-den anheben bis Oberschenkel und Rücken eine Linie bilden und wieder absenken.	2 – 3 x 16-32	Schultergürtel bleibt im Kontakt zum Boden.

Cool-Down: (8 Minuten)

Ziel der Übung	Übungsbezeich-nung/ Name der Übung	Übungsbeschrei-bung	Belastungsgefü-ge	Bemerkungen/ Hinweise
Dehnung der Ge-säßmuskulatur	Dehnung der Ge-säßmuskulatur (dynamisch)	In der Rückenla-ge ein Bein ge-beugt abstellen, das andere Bein in der Hüfte nach außen rotieren und mit dem Un-terschenkel auf der Oberschen-kelvorderseite des anderen Stützbeins able-gen. Das Stütz-bein mit beiden Händen greifen, zum Oberkörper ziehen und wie-der lösen.	15 Sekunden dy-namisch pro Sei-te	Vorsicht bei Ge-lenkbeschwer-den.
Dehnung der Ge-säßmuskulatur	Dehnung der Ge-säßmuskulatur (dynamisch)	In der Rückenla-ge ein Bein ge-beugt abstellen, das andere Bein in der Hüfte nach außen rotieren und mit dem Un-terschenkel auf der Oberschen-kelvorderseite des anderen Stützbeins able-gen. Das Stütz-bein mit beiden Händen greifen, zum Oberkörper ziehen und die Position halten.	20-30 Sekunden statisch halten	Vorsicht bei Ge-lenksbeschwer-den.
Dehnung der Rü-ckenstrecker	Katzenbuckel	Aus dem Vierfüß-lerstand, ausat-men, Bauch an-spannen, Wirbel-	15 Sekunden dy-namisch	Ellenbogen leicht gebeugt.

		säule im natürlichen Bewegungsspielraum wölben und wieder nach unten strecken.		
Dehnung der Rückenstrecker	Katzenbuckel	Aus dem Vierfüßlerstand, ausatmen, Bauch anspannen, Wirbelsäule im natürlichen Bewegungsspielraum wölben und statisch halten.	20-30 Sekunden statisch halten	Ellenbogen leicht gebeugt.
Dehnung Hüftbeuger	Dehnung Hüftbeuger im Kniestand (statisch)	Ein Bein im Kniestand vor dem Körper aufstellen, Knie gebeugt, der Fuß vor dem Knie, das hintere Bein liegt mit dem Unterschenkel auf dem Boden auf, Körperschwerpunkt tief nach vorne verlagern und Becken absenken.	20-30 Sekunden statisch halten pro Seite	Oberkörper bleibt aufrecht.
Dehnung der vorderseitigen Oberschenkelmuskulatur	Dehnung der vorderseitigen Oberschenkelmuskulatur im Stand (statisch)	Aus dem Stand mit der Hand das gleichseitige Bein greifen, sodass sich Ferse auf Gesäßhöhe befindet, Becken kippen und Ferse maximal zum Gesäß ziehen und Position halten.	20-30 Sekunden statisch halten pro Seite	Bein über dem Sprunggelenk umfassen. Auf Balance achten. Standbein leicht gebeugt.
Dehnung der seitlichen Rumpfmuskulatur	Dehnung der seitlichen Rumpfmuskulatur im Seitgrätschstand (dynamisch)	Aus dem Seitgrätschstand Arme maximal vom Körper abspreizen, Oberkörper zur Seite neigen und durch aktiven Zug in Beugerichtung die Dehnung verstärken, dann den Oberkörper wieder in die Senkrechte führen.	15 Sekunden dynamisch pro Seite	Brustkorb bleibt aufgerichtet.
Dehnung der Brustmuskulatur	Dehnung der Brustmuskulatur im Stand (statisch)	Aus dem Stand die Hände hinter dem Körper verschränken, Hand-	20-30 Sekunden statisch halten	Schultern bleiben tief und die Oberkörperhaltung aufrecht.

		flächen zeigen nach hinten, Arme aktiv nach oben ziehen und halten.		

Verabschiedung: (2 Minuten)

Teilnehmer verabschieden, loben und für die Teilnahme bedanken, sowie zu weiten Teilnahmen motivieren. Eventuell auf zusätzliche Kursangebote des Studios hinweisen.

4.4 Begründung der Reihenfolge

Nach der Phase der Begrüßung wurde mit der allgemeinen Erwärmung im Stand gestartet, um das Herz-Kreislauf-System anzuregen und die Körpertemperatur zu erhöhen. Außerdem soll es die Teilnehmer für die folgende Kursstunde motivieren.

Die weitere Reihenfolge der Übungen hat sich aus verschiedenen Faktoren ergeben. Leichte Übungen wurden im Stundenverlauf vor schweren durchgeführt und einfache vor komplexen Übungen. So wird zum Beispiel in der speziellen Erwärmung durch die Mobilisation der Wirbelsäule in alle Bewegungsrichtungen bereits auf die folgenden Übungen im Hauptteil vorbereitet.

Eher unbekannte Übungen sind im Verlauf der Kursstunde nach den bekannteren Übungen platziert. So wird zum Beispiel im allgemeinen Warm-Up mit einem Marschieren begonnen, da dies wahrscheinlich für alle Teilnehmer eine bekannte Übung ist.

In der Erwärmung werden von oben nach unten alle Bewegungsrichtungen der Gelenke mobilisiert. In der Kräftigung werden soweit im Fluss der Stunde möglich abwechselnd Antagonisten trainiert.

Um den Teilnehmern ein positives Gefühl zu vermitteln, wurde ein flüssiger Kursverlauf gestaltet. Aus dem Stand wird gestartet, sich über den Vierfüßlerstand in die Bauchlage begeben und zum Schluss in die Rückenlage. In der Cool-Down Phase wird sich wieder Übung für Übung zurück in den Stand begeben.

5 Literaturverzeichnis

Bickenbach, A.L. (2011). *Auswirkungen von Ausdauer- vs. Krafttraining vs. Der Kombination Ausdauer-/Krafttraining auf systematische Hämodynamik, Gefäßelastizität sowie Herzfrequenzvariabilität bei Patienten mit arterieller Hypertonie.* Dissertation, Deutsche Sporthochschule Köln. Köln

Eifler, C. Güllich, A., Krüger, M., (Hrsg.). (2013) *Sport – Das Lehrbuch für das Sportstudium.* Berlin: Springer Spektrum.

Hollmann, W. & Hettinger, T. (1990). Sportmedizin. Arbeits- und Trainingsgrundlagen (3., durchges. Aufl). Stuttgart: Schattauer.

Martin, D., Carl, K. & Lehnertz, K. (1993). Handbuch Trainingslehre (2. Aufl.). Schorndorf: Hofmann.

Meyer, C. & Bauer, M., (2016). *Fitness Forum Mettlach Aktueller Kursplan* Zugriff am 26.10.2016. Verfügbar unter http://www.fitness-forum-mettlach.de/kursplan.html

Zintl, F. (1997). Ausdauertraining. München: BLV-Sportwissen.

6 Abbildungs- und Tabellenverzeichnis

6.1 Tabellenverzeichnis

6.2 Abbildungsverzeichnis